Senf

selbermachen
genießen

HÄDECKE

Matthias Rösch

Senf

selbermachen
genießen

In derselben Reihe ist erschienen:
Öle – natürlich kaltgepresst
von Marcus Hartmann. Basiswissen und Rezepte.
96 Seiten. ISBN 978-3-7750-0535-7

Zweite Auflage 2009

Lizenzausgabe für Walter Hädecke Verlag,
D-71256 Weil der Stadt
www.haedecke-verlag.de

Lektorat | Léonie Haefeli-Schmid
Gestaltung Cover | Design + Produktion Julia Graff
Gestaltung Inhalt | FonaGrafik, Petra Niederberger
Bilder | Andreas Thumm, Freiburg i. Br.
Beat Ernst, Basel | Seiten 11, 18, 20, 24, 26
Robert Schmid, Erlinsbach | Seiten 8, 12, 15, 16
Lithos | FonaGrafik
Druck | Druckerei Uhl, Radolfzell

ISBN 978-3-7750-0527-2

Vorwort und Dank

Spontan kommt den meisten Menschen zum «Senf» nicht viel in den Sinn. Nach einer kurzen Pause wird er dann aber doch mit Wurst in Variationen, Braten und Salatsauce in Verbindung gebracht. Selbst Spitzenköche konnten sich für den Senf lange Zeit nicht so recht erwärmen. Einer, der beim «Senf» glänzende Augen bekommt, ist Franz Steiger, Küchenchef im Landhotel Hirschen in Erlinsbach (Schweiz). Er stand beim Fotoshooting am Herd und hat vor Ort seine Kreativität in meine Rezepte einfließen lassen und einige eigene Kreationen beigesteuert. Danke, Franz, für Dein Engagement für dieses Buch.

Der Senf hat in den letzten Jahrhunderten bei uns ein Schattendasein fristen müssen. Dabei hat er als Würz- und Aromapaste eine lange Tradition. Schön, dass er nun wieder mehr Aufmerksamkeit bekommt. Und weil die Herstellung von Senf auch die einfachste Sache der Welt ist, kann man ihn in Variationen gleich selber herstellen und genießen. Senf natur pur lautet die Devise.

So einfach wie die Senfherstellung habe ich mir auch die Arbeit zu diesem Buch vorgestellt. Dem Fona Verlag und der Lektorin sei Dank. Ich durfte eine andere Erfahrung machen! Schöne, bereichernde Erfahrungen. Was mir in meiner täglichen Arbeit manchmal banal und einfach vorkommt, ist für viele Menschen eine Herausforderung. Ich freue mich, dass sie diese annehmen und auf neuen kulinarischen Pfaden wandern.

Wandern mit mir tut auch noch jemand, der mir in der Entstehungszeit dieses Buches – und schon viele Jahre zuvor und durch viele Projekte – eine tapfere Begleiterin, Raumfreihalterin und manchmal Reiseleiterin war: Doris Vogt, die unseren Manufakturladen in Aarau führt. Danke, Doris, für Deine Freundschaft und Zuneigung, Deine Unterstützung und Deinen Rat.

Viel Spass, viele gute Ideen und scharfe Träume rund um den Senf!

Matthias Rösch

Inhaltsverzeichnis

Einführung

Senfrezepte

Mengen

Abkürzungen

Rezepte

Wo nicht anders vermerkt, sind die Rezepte für 4 Personen berechnet.

Rezepte

Senfrezepte
Die Grundrezepte für die verschiedenen Senfsorten ergeben jeweils 200 g Senf.

Abkürzungen
EL = gestrichener Esslöffel
TL = gestrichener Teelöffel
dl = Deziliter
ml = Milliliter
l = Liter
Msp = Messerspitze

Einführung

Geschichte

Auf den Spuren des Senfs

Die Geschichte des Senfs ist auch die Geschichte der Globalisierung eines Lebensmittels. Auf allen Kontinenten, in allen Küchen, ist der Senf zu Hause. Seine Globalisierung erfolgte Jahrtausende, bevor Fastfood-Ketten und Lebensmittel-Multis mit ihrer Ernährungsphilosophie das Gleiche versuchten.

Die ältesten Senf-Funde stammen aus China und dürften 3000 Jahre alt sein. Trotzdem muss man davon ausgehen, dass die Chinesen den Senf nicht «erfunden» haben. Aus sprachwissenschaftlicher Sicht liegt die Vermutung nahe, dass die Inder den Senf schon früher verwendet hatten. Sprachforscher sehen die Wurzel des Wortes «Sinapis» und seine Weiterentwicklung im Sanskrit der uralten, hochkultivierten Hochsprache der Inder. Das Senfmehl ist interessanterweise auch Teil der meisten Currymischungen. Senf wird in der indischen Küche oft verwendet. Auch Senföl, ein hochwertiges Speiseöl, ist in der indischen Küche verankert.

Durch Kriege gelangte der Senf über Kleinasien nach Griechenland, wo er in erster Linie ein Heilmittel war. Im 1. Jh. n. Chr. beschrieb der griechische Arzt Pedanios Dioskurides in seiner Arzneimittellehre die heilende Wirkung des Senfs. Sogar bei Haarausfall wurde er empfohlen. Meine Erfahrungen lassen aber bezüglich des Haarwuchses keine Hoffnungen aufkommen. Jahrhunderte lang hat man dem Senf eine magische Wirkung attestiert. Eine Handvoll Senfkörner, vermischt mit Honig, sollen auch die Liebeskräfte steigern. Hippokrates pries den Senf als großen «inneren Reinemacher». Meister Sebastian schrieb anno 1581 in seiner «Koch und Kellermeisterey»: «Senf erwermet Magen und Leber, ringert den Miltzen, bringt Durscht und Unkeuschheit, er hilft den blöden Magen und schadet den gute Augen zu viel gegessen.»

Der Verkauf von Senf war nie ein Problem. Der von Senföl schon, das in vielen europäischen Ländern lange Zeit verboten war. Der Grund war ein sich bis in unsere Tage hartnäckig haltendes Märchen: Senf macht dumm! Übeltäter sollen die cyanogenen Senföle sein, welche bei großem Konsum zu Schwachsinnigkeit führen können. Dem kann man nicht widersprechen. Nur, im Senföl respektive im Senfkorn kommen diese cyanogenen Senföle gar nicht vor.

Von Griechenland kam der Senf zu den Römern. Von ihnen stammt das erste bekannte Senfrezept, das Columella im 1. Jh. n. Chr. aufgezeichnet hat. Wie so manches, für das sich die praktisch veranlagten Genussmenschen im alten Rom begeistern konnten, trat der Senf von dort aus seinen ersten Siegeszug durch die kulinarische westliche Welt an. Über die Alpen gelangte er erstmals ins nördliche Europa.

Jedenfalls fiel der Senf in Europa im wahrsten Sinne des Wortes auf fruchtbaren Boden. Natürlich stellt sich die Frage, inwieweit die Christianisierung Europas seine Verbreitung gefördert hat: «Mit dem Himmelreich ist es wie mit einem Senfkorn, das ein Mann nahm und auf seinen Acker säte… .» (Matthäus, Evangelium, Kapitel 13 Vers 31).

Ich staune und beobachte jeden Frühling von neuem mit Ehrfurcht, welch riesige Pflanze sich innerhalb kürzester Zeit aus einem winzigen Samenkorn entwickelt. In bester Erinnerung ist mir ein Erlebnis aus der Anfangszeit meiner Senfproduktion. In meiner Produktionsstätte blieb ein Gefäß mit entöltem, gemahlenem Senf lange Zeit stehen. Irgendwann hat es wieder meinen Weg gekreuzt. Und weil ich bei der Frische keine Kompromisse mache, ist das Senfmehl auf den Kompost gelandet. Dass Fruchtstände und keimfähige Samen auf dem Kompost keimen können, weiß man. Jedoch wich mein Staunen einem ungläubigen Kopfschütteln, als im Frühsommer auf meinem Kompost Senfpflanzen wuchsen! Aus Senfmehl notabene!

Das biblische Gleichnis vom Senfkorn ist wunderschön. Ich glaube aber, dass sich auch hier wie so oft die leiblichen Bedürfnisse gegen die geistigen durchgesetzt hatten. Der Grund ist naheliegend: Bis zur Kolonialisierung Asiens waren Gewürze in der alten westlichen Welt Mangelware. Zucker gab es überhaupt nicht. Und das Salz wurde lange Zeit mit Gold aufgewogen. Zeitweise war selbst einfacher Essig kaum verfügbar. Andere Gewürze und Würzstoffe – außer säurehaltigen einheimischen Pflanzen und Meerrettich zum Schärfen – kannte man nicht.

Karl der Große propagierte im 8. Jh. n. Chr. in seiner «Capitulare», den Anbauvorschriften für Staatsgüter, den Senfanbau zu Speisezwecken und förderte die Verbreitung des Senfs mit der

Anordnung, ihn in Kräutergärten zu pflanzen. Das zeigte schon bald Wirkung. Der Senf verbreitete sich über Spanien in ganz Europa.

Nur an den Briten ging einmal mehr eine kulinarische Entdeckung vorbei. Erst im Zuge der Kolonialisierung hielt der Senf auch dort Einzug. Aber in welcher Form und auf welch' verheerende Weise. Ein abschreckendes Beispiel ist «Colmans Senfpulver»! Die Engländer mischten das Pulver bei Tisch mit Wasser und Essig. Das Resultat entpuppte sich als die Hölle: weil so scharf!

Zwischen dem 9. und 12. Jh. wurde die Senfkultur vor allem in Klöstern und in typischen Weinbaugebieten gepflegt. Daraus ist auch die Senfkultur in Dijon hervorgegangen. Einerseits, weil ein königliches Monopol der Stadt das alleinige Recht zur Senfproduktion für Frankreich zugestanden hat, andererseits aber auch, weil schlicht und einfach genügend saurer Wein zur Verfügung stand. Denn (Essig)säure macht die Senfpaste erst haltbar. Taillevent, der Leibkoch Karls des VI., verfasste im selben Jahrhundert sein Standardwerk «Viandier», das erste Kochbuch in einer modernen Küchensprache und somit Urvater aller Kochbücher. Im «Viandier» stößt man öfters auf den Senf, der schon damals ähnlich wie heute verwendet wurde.

Auch im Leben des despotischen Ludwig XI. spielte der Senf eine wichtige kulinarische Rolle. Er ließ sich den hauseigenen Senftopf immer nachtragen, wenn er außer Hof speiste.

Unter seinem Nachfolger, Ludwig XII., gründeten die Saucen- und Senffabrikanten mit den Senfherstellern und Destillateuren eine eigene Zunft.

1771 wurde der französische Senfhersteller Maille Hoflieferant des russischen Zarenhauses. Katharina II. liebte die scharfe Paste heiß. Auch am österreichischen Hof wurde der gute alte Mostrich durch das Produkt aus Maille ersetzt.

Je mehr im Zuge der Kolonialisierung asiatische Gewürze ganz Europa eroberten, desto mehr verlor der Senf an kulinarischer Bedeutung. Als die Salzmonopole aufgehoben wurden, bedeutete das für den Senf fast den Todesstoß. Lange Zeit musste er ein Schattendasein fristen, weil niemand auf die Idee kam, mit den ihn verdrängenden Gewürzen noch besseren Senf herzustellen.

Heute hat der Senf wieder viele Freunde. Und es ist ein gutes Gefühl zu sehen, dass echter Senf wieder eine Zukunft hat. Weg von der aus der Tube gepressten Einheitspaste!

Botanik

Botanische Bezeichnung
Alle Senfarten gehören zur Gattung Brassicaceae (Brassica), also zur Kohlgattung. Sie umfasst rund 30 Arten – etwa Brokkoli, Rosenkohl und Grünkohl –, die über ganz Eurasien, aber auch die USA und Argentinien verteilt sind. Es gibt auch Wildformen und Spontankreuzungen, die giftig sein können, weshalb vom Verzehr abzuraten ist.

Für die Senfherstellung sind drei Senfarten wichtig:
Brassica alba; Weißer Senf, auch Gelber Senf genannt.
Brassica juncea; Sareptasenf, Rutenkohl, Brauner Senf
Brassica nigra; Schwarzer Senf, Senfkohl

Sinapis alba für Weißen oder Gelben Senf ist nicht ganz falsch, aber auch nicht richtig. Sinapis ist keine botanische Bezeichnung, sondern der vom Griechischen Sinapi abgeleitete Begriff für Senf und alba für Weiß. Sinapis alba ist etymologischen und nicht botanischen Ursprungs. Die Gattungsbezeichnung Brassica ist somit für alle Senfarten die einzig richtige.

Wo und wie Senf wächst
Der Senf ist eine ideale Kulturpflanze für Regionen mit einem kurzen, warmen Sommer. Er wäre also eine ideale Pflanze für Mitteleuropa. Leider gibt es bei uns aus wirtschaftlichen Gründen keinen Senfanbau mehr für die Senfherstellung. Ab und zu sieht man im Herbst und Winter blühende Senffelder. Sie sind aber nicht für die

Senfherstellung bestimmt, sondern werden im Laufe des Winters als Gründüngung ins Erdreich eingearbeitet oder dem Vieh verfüttert.

Die Aussaat des Senfs erfolgt im zeitigen Frühjahr. Gelber Senf bevorzugt feuchte und gut besonnte Böden. Brauner und auch Schwarzer Senf gedeiht am besten in fruchtbaren, gut drainierten, neutralen bis basischen Böden. Je mehr Sonne, desto besser! In Zonen mit wirklich brennender Sonne und ausreichend Feuchtigkeit erreicht der Schwarze Senf die fast unglaubliche Höhe von bis zu 3 Metern und manchmal sogar noch etwas mehr!

Aufwändige Ernte

Die Ernte ist wegen des richtigen Zeitpunkts eine ziemlich knifflige Angelegenheit. Einerseits möchte man möglichst vollreife Samen ernten, andererseits springen überreife Schoten von selbst oder bei kleinster Berührung auf und verteilen ihre Samen auf die Erde. Dabei geht es normalerweise nicht um Tage, sondern um Stunden.

Für die maschinelle Ernte muss die Pflanze eine bestimmte Höhe haben. Wenn sie zu niedrig ist, können Steine in die Maschine gelangen und diese beschädigen oder gar zerstören. Die Mähmaschine kann deshalb nur beim Gelben und Weißen Senf eingesetzt werden: die Pflanzen werden geschnitten, gebündelt, nachgetrocknet und gedroschen.

Der Schwarze Senf wird nur bei sehr guten Vegetationsbedingungen höher als 70 cm. Das setzt Handarbeit voraus. Deshalb wird der Schwarze Senf fast ausschließlich in Billiglohnländern angebaut und ist eine ziemlich teure Rarität. In der industriellen Senfherstellung wurde er durch den viel billigeren Braunen Senf ersetzt. Auch Dijonsenf wird heute mehrheitlich aus Braunem Senf hergestellt.

Weil beim Dreschen relativ viele Fremdstoffe im Erntegut zurückbleiben, muss der Senf in einer Getreidemühle (Senf kann wie Getreide nachbehandelt werden) gereinigt werden. Durch das Sieben werden grobe Pflanzen- und Faserteile entfernt. Die Senfsamen werden entstaubt und dann auf eine Restfeuchtigkeit von etwa 8 % getrocknet. Dies ist notwendig, damit die Senfkörner lagerfähig werden und nicht zu schimmeln beginnen. Richtig getrocknete und trocken gelagerte Senfsamen sind fast unbegrenzt haltbar. Der Grund ist der den Keimling umhüllende hauchdünne Vitamin-E-Überzug, der direkt unter der Haut liegt. Das Vitamin E verhindert das Ranzigwerden des Öls.

Senfarten

Im Gegensatz zum Pfeffer (grüner, weißer und schwarzer Pfeffer), der von einem Strauch stammt, gibt es beim Senf drei eigenständige Brassica-arten.

Brassica alba

(Weißer/Gelber Senf)

Man kennt 10 Senfarten, welche sich über ganz Europa und den Mittelmeerraum verteilen. Die Pflanze ist einjährig, borstig behaart, mit bis 15 cm langen, tiefen und unregelmäßig fiederteiligen Blättern mit endständigen Lappen. Aus den leuchtendgelben, ein wenig nach Vanille duftenden Sommerblüten entwickeln sich schnabelförmige, etwa 4, 5 cm lange Schoten mit bis 8 Samenkörnern von 1,5 bis 2 mm Durchmesser mit glatter Oberfläche.
Von der winterharten Pflanze werden die Samen und die jungen Blätter verwendet.

Brassica juncea

(Brauner Senf, Sareptasenf, Rumänischer Senf, Rutenkohl)

Die 1 bis 1,2 Meter hohe Pflanze ist einjährig und hat verzweigte Triebe mit 15 bis 30 cm langen, bereiften, unregelmäßig gelappten Blättern. Zur Sommerzeit blühen Trauben von blassgelben Blüten, aus denen sich schnäbelige Schoten mit dunklen rotbraunen bis schokoladenbraunen Samen entwickeln, die einen Durchmesser von 1 bis 1,5 mm haben.

Brassica juncea ist winterhart.
Von der Pflanze werden die jungen Blätter und die getrockneten Samen verwendet, welche eine wärmende, anregende und antibiotische Wirkung haben. Junge Blätter gedünstet als Gemüse und roh für Salate verwenden. Die Samen eignen sich auch für die Sprossenzucht.

Brassica nigra

(Schwarzer Senf)

Die einjährige Pflanze und hat vielfach verzweigte Stängel mit bis 16 cm langen, leierförmig-fiederspaltigen Blättern. Einen ganzen Sommer lang öffnen sich die leuchtendgelben Blüten, aus denen kleine, aufrechte, vierkantige Schoten mit dunkelbraunen bis fast schwarzen Samen wachsen. Die Samen sind nur 0,8 bis 1,2 mm groß und damit die kleinsten, aber auch mit Abstand schärfsten Senfsamen! Die Pflanze ist winterhart. Von der Pflanze werden die jungen Blätter, die Blüten, die Samen und ein daraus destilliertes flüchtiges Öl verwendet. Brassica nigra ist ein beißendes, wärmendes Kraut, welches den Kreislauf und das Verdauungssystem anregt und die Haut und die Schleimhäute reizt. In hohen Dosen ist es ein starkes Brechmittel. Schwarzer Senf wird äußerlich als Brei für Auflagen, in Pflastern und Bädern bei Rheuma verwendet. Er ist wirksam bei Muskelschmerzen, Frostbeulen Atemwegsinfektionen. Das Senffußbad ist ein gutes Hausmittel bei Erkältungen, Kopfschmerzen und zur Anregung des Stoffwechsels. Weil der Schwarze Senf die Haut reizt, ist er durchblutungsfördernd und entgiftend. Vorsicht im direkten Hautkontakt. Bei empfindlicher Haut kann es zu Blasenbildungen kommen!

Scharfer Senf – die Inhaltsstoffe

Senf enthält:

- fettes Senföl
- Eiweiß/Protein
- Schleimstoffe
- Myrosinase
- Sinalbin (Gelber/Weißer Senf)
- Sinigrin (Brauner und Schwarzer Senf)

Das Senfkorn besteht zu 25 bis 35 % aus fettem Senföl. Ich nenne es ganz bewusst fettes Senföl, obwohl es ein eher leichtes, fein nussig schmeckendes Öl ist. Das fette Senföl ist nicht im geringsten scharf oder brennend.
Das liegt daran, dass die Wirkstoffe, die den Senf scharf machen, nicht öllöslich sind und nur bei Zugabe von Wasser ihre Wirkung entfalten können. Beim Abpressen des fetten Senföls bleiben diese Wirkstoffe zu 100 % im Presskuchen.
In der industriellen Senfherstellung wird das Senföl vielfach entfernt, weil es die Verarbeitung erschwert. Es wird manchmal behauptet, dass Senf mit Senföl länger haltbar sei, und zwar wegen des hohen Anteils an Vitamin E, das das Senfkorn umgibt und vor dem Ranzigwerden schützt. Das stimmt leider nicht. Durch die Verarbeitung verliert es die antioxidative Wirkung weitgehend. Auch ist der Anteil an Vitamin E viel zu gering, um den Senf haltbar zu machen.

Das Eiweiß ist die zweite große Gruppe der Inhaltsstoffe im Senf. Das Eiweiß im Senfmehl ist sehr quellfähig und kann bis zur vierfachen Menge Wasser binden. Das Quellvermögen ist beim Gelben Senf höher als bei den anderen Senfarten.
Die Schleimstoffe entstehen beim Aufweichen der Haut, der äußeren Zellschicht des Senfkorns. Sie geben insbesondere dem Industriesenf die cremige, pastenartige Konsistenz. Gelber Senf bildet bei der Produktion mehr Schleimstoffe als Brauner und Schwarzer Senf.
Scharfmacher im Senf ist das Enzym Myrosinase. Enzyme sind Wirkstoffe, welche die Fähigkeit haben, andere Stoffe in ihre Einzelteile zu zerlegen beziehungsweise zerfallen zu lassen. Durch die Zugabe von Flüssigkeit zum Senfmehl wird das Enzym aktiviert. Das im Gelben Senf enthaltene Sinalbin wird in p-Hydroxybenzylsenföl und weitere Stoffe aufgespalten. Dieses Öl ist scharf! P-Hydroxybenzylsenföl ist nicht flüchtig und kann mit der Nase nicht wahrgenommen werden, und trotzdem macht es den Senf scharf. Sinalbin hat auch eine bakterizide Wirkung.
Beim Braunen und Schwarzen Senf verhält es sich ähnlich. Nur, der aufzuspaltende Stoff heißt hier Sinigrin. Ein Spaltungsprodukt ist der Scharfmacher Allylsenföl. Das ätherische, leicht flüchtige Öl wird mit der Nase als stechend wahrgenommen und bringt die Augen zum Tränen.

Warenkunde

Was einen guten Senf so gut macht
Ich könnte hier jetzt zum Einstieg ganz einfach die bekanntesten handelsüblichen und teils weltberühmten Senfsorten aufzählen und erklären, welch große Sorgfalt und Erfahrung und welch' profundes Wissen dahintersteckt. Aber weil das Herstellen von Senf so simpel ist, freue ich mich lieber darüber, dass es in unserer komplizierten Welt immer noch einfache Dinge gibt, die Herz, Körper und Seele erwärmen. Im Fall von Senf braucht es für dieses Glücksgefühl:

- milden, qualitativ hochwertigen Essig mit mindestens 5 % Essigsäure
- frisches und möglichst schonend gemahlenes Senfmehl
- Zucker
- Kochsalz, Meersalz oder noch besser ein Spezialsalz wie Rauchsalz, Kristallsalz
- Freude, Leidenschaft, Begeisterung und ein wenig Experimentierfreude

Ein neuer Senf wird geboren
Eine meiner besten Senfkreationen, an der ich und viele meiner Kunden immer wieder ihre helle Freude haben, ist in der Hirschenstube im Landhotel Hirschen im Schweizer Erlinsbach entstanden.
Für mich ist es immer wieder ein Erlebnis, eine Freude und Bereicherung, mit dem Hotelier, Gastgeber und Genießer Albi von Felten an einem Tisch zu sitzen, kulinarische Träume in Worte zu

fassen und sie nach Möglichkeit in die Tat umzusetzen. An diesem Abend saßen wir bei einem Glas Bier und sinnierten über neue Senfkreationen. Das Bier, das wir genossen, war nicht irgendeines, es war das Hausbier des Landhotels Hirschen, ein Speuzer (Erlinsbacher) Bier aus der Region.
Warum in die Ferne schweifen, sieh, das Gute liegt so nah. Vom Biertrinken zum Biersenf ist der Weg nicht mehr weit. So ist an diesem Abend die Idee eines Speuzer Biersenfs entstanden. Bereits am nächsten Tag machten wir uns ans Rezeptieren. Schnell waren in der Versuchsküche einige Varianten entstanden. Nur noch geduldig die Reifephase abwarten (von wegen, wir haben täglich Senf genascht…), und geboren war der Speuzer-Bier-Senf! Im Hotel Hirschen mit seinem eigenen Essig- und Ölkeller waren wir bei der Essigwahl gleich an der Quelle. Denn für einen guten Senf braucht man einen guten Essig.
In der Senfherstellung wird der Essig für den Geschmack und die Haltbarkeit gebraucht. Damit der Senf lagerbar wird, muss der Essig einen Säuregehalt von mindestens 5 % haben. Das ist aber nicht alles. Essig ist nicht gleich Essig!
Ich verwende ab und zu Bieressig, aber ansonsten nur Essig aus vergorenem Fruchtsaft. Der Weinessig ist ebenfalls ein Fruchtessig. Er darf verwendet werden, wenn er nicht industriell hergestellt worden ist. Zudem sollte er ein paar Jahre gelagert und gereift sein. Industriell hergestellter oder zu junger Weinessig hat eine zu «spitze», unausgewogene Säure, was der Senfqualität schadet. Ein alter, gut gereifter Apfelessig und für spezielle Kreationen Essig aus reifen Birnen, Zwetschgen und Kirschen oder Bieressig haben sich in meiner jahrelangen Arbeit als die besten «Senfessige» erwiesen. Ich stelle deshalb meine Spezialessige selber her.

Senfmehl mahlen wir in unserer Lebensmittel-Manufaktur für jede Senfzubereitung frisch. Eine spezielle, selber entwickelte Senfmühle garantiert, dass die Senfkörner beim Mahlvorgang nicht über 30 °C erhitzt werden.

Ein echter Manufaktursenf wird im Trockenmahlmahlverfahren hergestellt, d. h. die trockenen Senfsamen werden gemahlen und dann mit dem Essig und weiteren Zutaten gemischt. Trockene Senfsamen können nicht mehlfein gemahlen werden. Der Senf wird deshalb weniger fein. Aber gerade das zeichnet den Manufaktursenf aus: Sein eigener Charakter, seine Eigenständigkeit! Nach dem Mischen wird der Senf mindestens 2 Wochen gelagert. Die einzelnen Geschmackskomponenten verschmelzen und der Senf verliert seine spitze Schärfe und wird rund. Und der Essig kann seine aromatisierende, verbindende Wirkung entfalten. In Verbindung mit anderen Zutaten entsteht so ein spannendes, harmonisches Aroma. Das Resultat ist ein wirklich guter Senf.

Industrielle Senfherstellung
In der industriellen Senfproduktion kennt man das Bordeaux oder auch Deutsche Verfahren. Die gelben und braunen Senfsamen werden im gewünschten Verhältnis gemischt, trocken gequetscht oder grob geschrotet. Der Schrot wird in einem Maischebehälter mit Wasser, Essig, Salz, Zucker und weiteren Zutaten gemischt. Nun lässt man die Masse 2 bis 6 Stunden ruhen, was in der Fachsprache «einmaischen» heißt. Die Maische wird nach der Ruhephase durch eine Korundscheibenmühle gepresst.
Das andere Herstellungsverfahren ist nach der französischen Stadt Dijon benannt. Es hat Weltruhm erlangt. Die Röhrensiebe muss man sich wie horizontal liegende, mehrfach lange Wäscheschleudern vorstellen, welche mit extrem feinen Netzen bespannt sind und die groben Teile der Senfmaische auffangen. Beim Dijonverfahren werden die braunen Senfsamen im Wasser-Essig-Gemisch einige Stunden vorgequollen und dann in einer Walzenmühle aufgebrochen. Während des Passiervorgangs wird die Senfmaische geschleudert. Der halbflüssigen Senfmasse werden Salz, Zucker und weitere aromatisierende Zutaten beigegeben.

Der Industriesenf erfährt keinen Reifeprozess. Stattdessen wird er mit Konservierungsmitteln und Antioxidantien so stabilisiert, dass er sich nicht mehr verändern kann.

COGNAC SENF
100G
ALKOHOLHALTIG
DUNKEL UND KÜHL LAGERN

Senfrezepte

Die Grundrezepte für die verschiedenen Senfsorten ergeben jeweils 200 g Senf.

Zum Reifen (Zimmertemperatur) und zum Lagern (kühl und dunkel) des Senfs eignen sich Gläser mit Schraubverschluss.

Der Aprikosensenf gibt Süßspeisen eine ganz besondere Note. Er passt aber auch bestens zu Rotschmierkäse und zu geräuchertem Fisch.

Aprikosensenf

100 g sehr reife Aprikosen
60 g Zucker
0,8 dl/80 ml Wasser
60 g gelbes/weißes Senfmehl
1 dl/100 ml milder Apfelessig
5 g Salz
2 cl Aprikosenlikör

Abbildung

1 Aprikosen halbieren und entsteinen, den Stielansatz keilförmig herausschneiden, Fruchthälften klein schneiden. Aprikosen, Zucker und Wasser aufkochen, 10 Minuten köcheln lassen. Nicht zu fein pürieren.

2 Alle Zutaten 10 Minuten rühren.

Reifezeit mindestens 3 Wochen
Haltbarkeit ca. 3 Monate

Weil Dijonsenf keine Schalenteile mehr enthält, geschälter schwarzer Senf im Handel aber nicht erhältlich ist, verwenden wir hier Colmans Senfpulver!

Dijonsenf

70 g Colmans Senfpulver
0,8 dl/80 ml Verjus (Saft unreifer weißer Trauben)
½ dl/50 ml milder Apfelessig
15 g Zucker
8 g Salz

Senfpulver und Verjus verrühren, über Nacht quellen lassen. So viel Apfelessig zugeben, bis der Senf die richtige Konsistenz hat, mit Zucker und Salz abschmecken, mindestens 10 Minuten rühren.

Reifezeit mindestens 5 Wochen
Haltbarkeit ca. 5 Monate

Die Kräuter wollen fein gehackt sein – und das braucht etwas Zeit. Die Mühe lohnt sich.

Gartenkräuter-Senf

5 g Rosmarinnadeln
3 g abgezupfte Majoranblättchen
3 g abgezupfte Thymianblättchen
5 g abgezupfte Estragonblätttchen
8 g abgezupfte Basilikumblätter
3 g abgezupfte Oreganoblättchen
1 getrocknete Wacholderbeere
1,4 dl/140 ml milder Apfelessig
60 g gelbes/weißes Senfmehl
15 g Zucker
5 g Salz

1 Die Kräuter sehr fein hacken. Wacholderbeere halbieren.

2 Kräuter, Wacholderbeere und Essig auf 60 °C erwärmen. Auskühlen lassen. Zugedeckt 12 Stunden ziehen lassen. Senfmehl, Zucker und Salz zugeben, 10 Minuten rühren.

Reifezeit mindestens 4 Wochen
Haltbarkeit ca. 5 Monate

Abbildung

Der Name ist Programm! Ein einfaches Rezept, ehrlich, klar. Genauso ist das Resultat. Die erste Reaktion auf der Grillparty ist ein «na ja». Und plötzlich ist der Senftopf leer! und keiner war's …

Grillsenf

25 g Knoblauchzehen
50 g gelbes/weißes Senfmehl
10 g braunes Senfmehl
1,4 dl/140 ml milder Apfelessig
15 g Rosmarinnadeln, fein gehackt
15 g Zucker
5 g Salz
3 g schwarzer Pfeffer

1 Knoblauchzehen durchpressen.

2 Senfmehle in einer Schüssel vermischen, übrige Zutaten zugeben, 10 Minuten rühren.

Reifezeit mindestens 3 Wochen
Haltbarkeit ca. 3 Monate

Der «Ur-Senf». Es sind beliebige Abwandlungen und viele andere Zutaten möglich.

Einfacher Gelber Senf

60 g gelbes/weißes Senfmehl
1,4 dl/140 ml milder Apfelessig
15 g Zucker
5 g Salz

Senfmehl, Zucker und Salz in einer Schüssel mischen, Essig nach und nach zugeben, 10 Minuten rühren.

Reifezeit mindestens 2 Wochen
Haltbarkeit ca. 5 Monate

Tomatensenf passt bestens zu Lamm. Die Inspiration kam von Erich Stekovics, Kaiser der Paradeiser (Tomaten) aus dem Burgenland. Bei einem Besuch in unseren Verkaufsladen war er völlig begeistert von unseren Senf- und Essigkreationen. Was seiner Meinung nach noch fehlte, war ein Tomatensenf.

Tomatensenf

1,6 dl/160 ml milder Apfelessig
20 g brauner Kandiszucker
30 g getrocknete Tomaten, grob gewürfelt
10 g getrocknete Tomaten, fein gewürfelt
40 g gelbes/weißes Senfmehl
20 g schwarzes Senfmehl
5 g Salz
1 Msp Ingwerpulver
10 g Basilikum, fein geschnitten

Essig erwärmen, Kandiszucker darin auflösen. Grob gewürfelte Tomaten zugeben, auf 60 °C erhitzen. Abkühlen und 24 Stunden ziehen lassen. Leicht erwärmen. Fein pürieren. Hier liegt der Knackpunkt des Rezepts. Je nach Tomatensorte nehmen diese mehr oder weniger Flüssigkeit auf. Ich habe im Rezept die unterste Flüssigkeitsmenge angegeben, habe aber auch schon die dreifache Menge benötigt! Mehr Flüssigkeit ist möglich, sollte aber 1 : 1 aus Essig und Wasser bestehen, damit der Senf nicht zu sauer wird. Die pürierte Masse soll die Konsistenz einer Tomatensuppe haben. Restliche Tomaten zugeben. Auskühlen lassen. Gelbes und schwarzes Senfmehl unterrühren, abschmecken. Basilikum unterrühren.

Reifezeit mindestens 3 Wochen
Haltbarkeit ca. 5 Monate

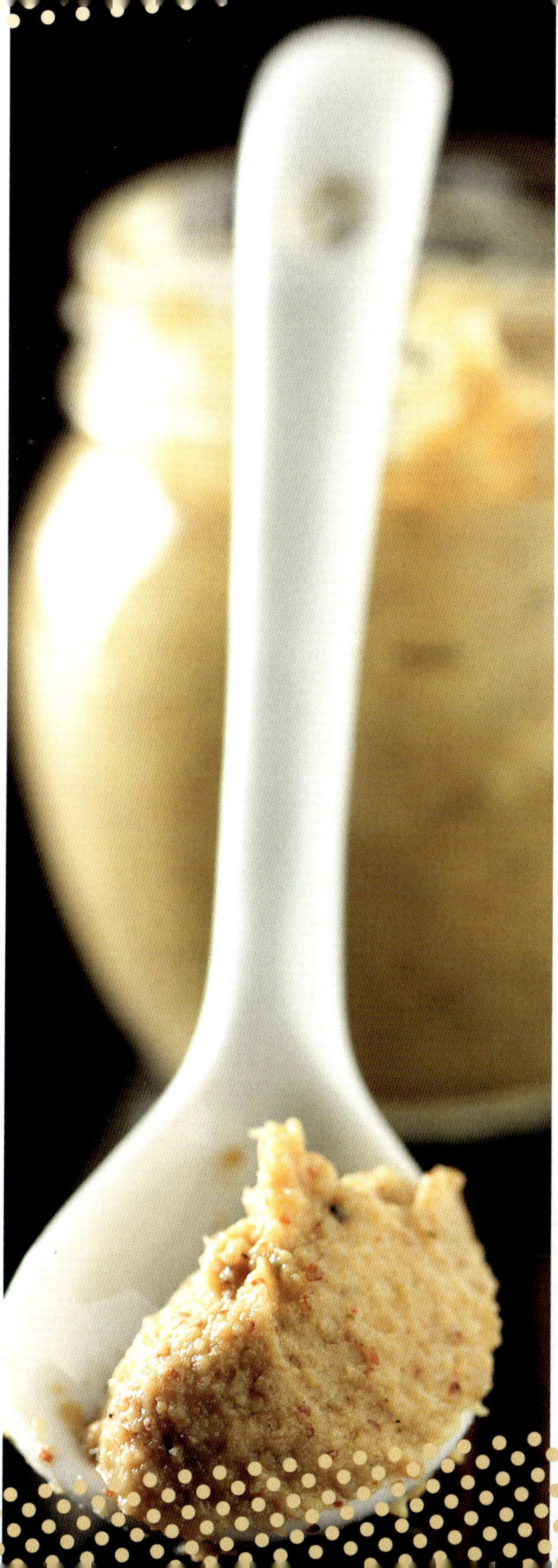

Cognacsenf

60 g gelbes/weißes Senfmehl
1,1 dl/110 ml milder Apfelessig
0,3 dl/30 ml Cognac
15 g Zucker
5 g Salz

Abbildung

Alle Zutaten 10 Minuten rühren.

Reifezeit mindestens 5 Wochen
Haltbarkeit ca. 5 Monate

Ein Versuch mit Curry. Ich finde ihn sehr spannend und setze ihn subtil ein. Verdünnt (mit Sauerrahm/Saure Sahne, Rahm/Sahne, Quark) kann der Curry-Senf als Dipsauce verwendet werden. Senfpulver ist übrigens Bestandteil vieler Currymischungen.

Curry-Knoblauch-Senf

30 g Knoblauch
20 g grüne Currymischung
60 g gelbes/weißes Senfpulver
1,4 dl/140 ml milder Apfelessig
20 g Rohrohrzucker
5 g Salz

1 Knoblauchzehen schälen und durch die Knoblauchpresse drücken, mit dem Currypulver zu einer Paste rühren. 24 Stunden kühl stellen und ziehen lassen. Aus dem Kühlschrank nehmen. Nochmals einige Stunden ziehen lassen.

2 Senfpulver, Apfelessig, Rohrohrzucker und Salz zur Knoblauchpaste geben, 10 Minuten rühren.

Reifezeit mindestens 3 Wochen
Haltbarkeit ca. 3 Monate

Für mich hat dieser Senf stets einen Hauch von Frühling, etwas Frisches und Leichtes. Weshalb nicht einmal eine leichte Senfschaumsauce zu einem Spargelgericht?

Estragonsenf

60 g gelbes/weißes Senfmehl
0,6 dl/60 ml milder Apfelessig
0,6 dl/60 ml Estragonessig
15 g Estragon
10 g Zucker
10 g Waldhonig
5 g Salz

1 Estragon von den Stielen zupfen und fein hacken.

2 Alle Zutaten mischen, 10 Minuten rühren.

Reifezeit mindestens 3 Wochen
Haltbarkeit ca. 3 Monate

Biersenf hat für mich etwas Magisches. Ob es das Bier als solches ist oder dessen Provenienz oder die exotischen Gewürze – ich weiß es nicht. Auf alle Fälle ist dieses mein bestes Biersenf-Rezept.

Dunkler Biersenf

3 dl/300 ml dunkles Bier, z. B. Guinness, besser noch ein schottisches Black Gold oder ein belgisches Schwarzbier
20 g Zucker
1 Gewürznelke
einige Zitronenzesten
2 Kardamomkapseln
60 g gelbes/weißes Senfmehl
0,45 dl/45 ml milder Apfelessig
7 g Salz

1 Bier, Zucker, Gewürznelke, Zitronenzesten und Kardamomkapseln aufkochen, bei schwacher Hitze auf 1 dl/100 ml einkochen, erkalten lassen. Das Senfmehl darüberstreuen. 24 Stunden im Kühlschrank stehen lassen.

2 Apfelessig und Salz unter den Senf rühren, mindestens 10 Minuten rühren.

Reifezeit mindestens 4 Wochen
Haltbarkeit ca. 5 Monate

SPEUZER
BIERSENF
100G
DUNKEL UND KÜHL
LAGERN

Ein Klassiker aus der französischen Küche, der ziemlich salzig daherkommt.

Sardellensenf

40 g Sardellenfilets
60 g gelbes/weißes Senfmehl
1,3 dl/130 ml milder Apfelessig
15 g Zucker
3 g Salz

1 Sardellenfilets aus dem Öl nehmen, mit Haushaltpapier trockentupfen, fein schneiden.

2 Sardellen, Senfmehl und Apfelessig verrühren, mit Zucker und Salz abschmecken, 10 Minuten rühren.

Reifezeit mindestens 6 Wochen
Haltbarkeit ca. 4 Monate

Speziell in der Konsistenz und im Aussehen. Ein Senf mit langer Tradition. Früher wurden in der häuslichen Senfproduktion die Körner nur selten gemahlen. Meist wurden sie nur zerstoßen, weil die Mühle fehlte.

Körniger Senf

20 g gelbe/weiße Senfsamen
20 g schwarze Senfsamen
1,3 dl/130 ml milder Apfelessig
20 g gelbes/weißes Senfmehl
15 g Rohrohrzucker
5 g Salz

Abbildung

1 Gelbe und schwarze Senfsamen in einer Schüssel mischen, mit dem Essig übergießen. 12 Stunden einweichen.

2 Eingeweichte Senfsamen im Mörser grob zerstoßen, Senfmehl, Rohrohrzucker und Salz zugeben, 10 Minuten rühren.

Reifezeit mindestens 3 Wochen
Haltbarkeit ca. 3 Monate

Der Pfeffer macht diesen Senf nicht besonders scharf, vielmehr gibt er ihm ein herrliches Pfefferbouquet. Ideal zum Würzen und Marinieren.

Pfeffersenf

3 g schwarze Pfefferkörner
3 g weiße Pfefferkörner
4–5 g getrocknete grüne Pfefferkörner
1,4 dl/140 ml milder Apfelessig
60 g gelbes/weißes Senfmehl
15 g Zucker
5 g Salz

1 Die schwarzen und weißen Pfefferkörner fein mahlen. Die grünen Pfefferkörner im Mörser zerstoßen.

2 Pfeffer und Essig auf 60 °C erwärmen. Auskühlen lassen. Zugedeckt 12 Stunden ziehen lassen.

3 Pfeffer-Essig, Senfmehl, Zucker und Salz 10 Minuten rühren.

Reifezeit mindestens 3 Wochen
Haltbarkeit ca. 5 Monate

Einfacher Name, einfaches Rezept. Auf den ersten Blick sieht dieser Senf nicht spektakulär aus, aber die nicht alltägliche Kombination hat es in sich. Schmeckt super zu pikanten Wurstwaren und rezentem Käse.

Zwiebelsenf

ca. 50 g Zwiebeln
ein wenig Rapsöl

50 g gelbes/weißes Senfmehl
10 g braunes Senfmehl
1,4 dl/140 ml milder Apfelessig
15 g Zucker
5 g Salz

Abbildung

1 Zwiebel schälen und in feine Streifen schneiden, im Rapsöl weichdünsten, ohne dass sie Farbe annehmen.

2 Alle Zutaten 10 Minuten rühren.

Reifezeit mindestens 3 Wochen
Haltbarkeit ca. 2 Monate

Dieser Senf ist sehr pikant und schmeckt hervorragend zu allen Siedfleischgerichten (Suppenfleischgerichten), aber auch zu geräuchertem Fleisch und Fisch und als Aufstrich auf pikanten Aperitifhäppchen.

Meerrettichsenf

30 g geschälter Meerrettich
1 dl/100 ml milder Apfelessig
0,4 dl/40 ml Birnenbalsam
50 g Einfacher Gelber Senf, Seite 34
10 g Einfacher Brauner Senf, unten, oder schwarzer Senf (Handel)

1 Den Meerrettich fein reiben, mit Apfelessig und Birnenbalsam verrühren, im Kühlschrank 12 Stunden ziehen lassen.

2 Die Meerrettichmasse fein pürieren, gelben und schwarzen Senf zugeben, 10 Minuten rühren.

Reifezeit mindestens 2 Wochen
Haltbarkeit ca. 5 Monate

Für diesen«Grundsenf» gilt, was für den einfachen «Gelben Senf» gilt: Das Rezept ist rasch und einfach. Allerdings ist es hier schwierig, weitere Zutaten zuzufügen, weil sie nicht zur Geltung kommen: die Schärfe deckt alles zu.

Einfacher Brauner Senf

60 g braunes Senfmehl
15 g Zucker
5 g Salz
1 dl/100 ml milder Apfelessig

Senfmehl, Zucker und Salz in einer Schüssel mischen, Essig nach und nach zugeben, 10 Minuten rühren.

Reifezeit mindestens 2 Wochen
Haltbarkeit ca. 3 Monate

Whiskysenf

50 g gelbes/weißes Senfmehl
10 g braunes Senfmehl
1,1 dl/110 ml milder Apfelessig
0,3 dl/30 ml Whisky nach Wahl
15 g Zucker
5 g Salz

Das Senfmehl in einer Schüssel vermischen, Apfelessig und Whisky unterrühren, mit Zucker und Salz abschmecken. 10 Minuten rühren.

Reifezeit mindestens 5 Wochen
Haltbarkeit ca. 5 Monate

Dieses Rezept ist während des Fotografierens entstanden. Ich widme es Susi Wehrli, der Lebenspartnerin von Franz Steiger (er hat für das Fotoshooting gekocht), die eine leidenschaftliche und kreative Winzerin ist.

Winzersenf

ca. 100 g vollreife, rote Traubenbeeren
0,8 dl/80 ml süßlicher Rotwein oder Portwein
50 g Zucker
60 g gelbes/weißes Senfmehl
1 dl/100 ml milder Apfelessig
5 g Salz

Abbildung

1 Die Traubenbeeren halbieren und entkernen; 60 g abwiegen.

2 Traubenbeeren, Rotwein und Zucker erhitzen, 5 bis 10 Minuten köcheln lassen. Fein pürieren.

3 Senfmehl, Apfelessig und Salz verrühren, Traubenbeerenpüree zugeben, 10 Minuten rühren.

Reifezeit mindestens 4 Wochen
Haltbarkeit ca. 4 Monate

Das ist der echte, einfache süße Senf! Jedoch ohne Zucker. Der Schärfe wird die Spitze durch die Beigabe des heißen Essigs genommen. Passt zu allem, wenn der Senf schmeckt.

Süßer Senf

1,3 dl/130 ml milder Apfelessig
30 g Blütenhonig
5 g Salz
60 g gelbes/weißes Senfmehl
1 TL Apfelbalsam

Apfelessig, Honig und Salz bis knapp unter dem Siedepunkt erhitzen, zum Senfmehl geben, verrühren. Auskühlen lassen. Apfelbalsam zugeben, 10 Minuten rühren.

Bayrischer Süßer Senf Anstelle des Apfelessigs wird Bieressig verwendet.

Reifezeit mindestens 2 Wochen
Haltbarkeit ca. 3 Monate

Die klassische süßsaure Küche ist nicht mein Ding. Trotzdem stehe ich auf Fruchtsenf, weil hier noch Schärfe mit im Spiel ist. Das Zusammenspiel von Süße, Säure, Schärfe und Würze finde ich unglaublich faszinierend. Hier der König!

Süßlicher Apfelsenf

1 dl/100 ml bester Apfelsüßwein
je 1 kleine Msp Koriander-, Zimt- und Nelkenpulver
1 Hauch Vanillemark
60 g gelbes/weißes Senfmehl
0,9 dl/90 ml milder Apfelessig
0,2 dl/20 ml alter Birnenbalsam
15 g Zucker
5 g Salz
40 g Boskoop-Würfelchen (2 mm Kantenlänge)

Apfelsüßwein, Gewürze und Vanille bei kleinster Hitze auf 2 bis 3 EL Flüssigkeit einkochen lassen. Noch heiß mit dem Senfmehl vermischen. Apfelessig, Birnenbalsam, Zucker und Essig 10 Minuten rühren. Boskoop-Würfelchen locker unterheben.

Reifezeit mindestens 4 Wochen
Haltbarkeit ca. 3 Monate

Rezepte

Eine Kreation, die auch mich sprachlos gemacht hat! Mehr oder weniger klammheimlich hat sie Franz Steiger während des Fotoshootings kreiert. Der Geschmack in Kombination mit dem Rauchfleisch ist sensationell und den relativ geringen Aufwand zigmal wert.

Espuma mit Biersenf

½ dl/50 ml Weißwein
½ dl/50 ml Apfelwein
40 g Dunkler Biersenf, Seite 38
ein wenig Salz
2 g (½ Blatt) Gelatine
1½ dl/150 ml Rahm/Sahne
2 TL Quittenlikör

1 Gelatine 5 Minuten in kaltem Wasser einweichen.

2 Weißwein, Apfelwein und Senf auf ca. 70 °C erhitzen, 2 bis 3 Minuten ziehen lassen, durch ein Haarsieb passieren. Auf 40 °C abkühlen lassen. Gelatine und Salz in der Flüssigkeit auflösen. Auf Handwärme abkühlen lassen. Rahm und Quittenlikör unterrühren.

3 Die Flüssigkeit in einen Rahmbläser füllen, sofort eine CO_2-Patrone laden, Bläser einmal kräftig schütteln. Dann mindestens 4 Stunden in den Kühlschrank stellen.

4 Den Bläser unmittelbar vor dem Servieren aus dem Kühlschrank nehmen, mehrmals kräftig schütteln. Espuma in Gläser füllen.

Auf den ersten Blick wirkt die Kombination wie eine Faust aufs Auge … Und überrascht kulinarisch genau wegen der Gegensätze der einzelnen Komponenten. Alle Zutaten behalten ihr Aroma und gehen trotzdem aufeinander zu.

Carpaccio von mariniertem Lachs mit Honig-Senf-Eis

250 g Wildlachsfilet ohne Haut
Zitronensaft
Blattsalat für die Garnitur

Marinade

1½ dl/150 ml kalt gepresstes Rapsöl
½ dl/50 ml Baumnuss-/Walnussöl
2 EL abgezupfte Dillblättchen
1 Prise durchgepresste Knoblauchzehe
grobes Meersalz oder Fleur de Sel
frisch gemahlener schwarzer Pfeffer
1 Spritzer Zitronensaft

Honig-Senf-Eis

0,6 dl/60 ml Rahm/Sahne
1,4 dl/140 ml Milch
40 g Eigelb
50 g Blütenhonig
20 g Süßer Senf, Seite 48

1 Für das Honig-Senf-Eis alle Zutaten außer Senf in einer Pfanne unter Rühren bei mittlerer Hitze erwärmen und unter dem Kochpunkt bei 82 °C (die Creme darf nicht kochen) binden. Creme im Eiswasser unter Rühren abkühlen lassen, Senf unterrühren. Die Eismasse in der Eismaschine gefrieren lassen. Oder in flache Tiefkühldosen füllen und das Eis im Tiefkühler gefrieren lassen.

2 Für die Marinade Rapsöl, Nussöl, Dill und Knoblauch verrühren, würzen.

3 Das Lachsfilet dünn aufschneiden, flach auslegen, mit Salz und Pfeffer würzen, mit wenig Zitronensaft bepinseln, 15 Minuten marinieren.

4 Den Lachs mit dem Blattsalat auf Tellern anrichten, mit der Marinade beträufeln. Das Honig-Senf-Eis mit einem Esslöffel portionieren, zum Lachs geben. Die restliche Marinade separat servieren.

Die Senfblätter machen dieses Rezept zu einem typischen Frühlings-/Frühsommergericht. Außerhalb der Saison tauscht man die Senfblätter durch andere Kräuter aus (auf dem Bild ist es die Rauke/Rucola).

Tatar von getrocknetem Rindfleisch mit jungen Senfblättern

200 g junges, mildes, getrocknetes Rindfleisch, z. B. Bündner Fleisch
60 g gekochte Gemüsewürfelchen (Brunoise) von Karotte, Knollensellerie, Lauch, Kohlrabi, Kürbis
10 g Senfsprossen (Großverteiler, Gemüsehändler, Bio-/Naturkostladen)
0,4 dl/40 ml Birnenbalsam
½ dl/50 ml kaltgepresstes Rapsöl
1 TL Baumnuss-/Walnussöl

100 g junge Senfblätter (Asienladen, Gemüsehändler, Gemüsemarkt)
nach Belieben zusätzlicher Blattsalat für die Garnitur

1 Den Birnenbalsam mit dem Raps- und Nussöl verrühren. Weil das Fleisch schon sehr würzig ist, wird es nicht notwendig sein, es zusätzlich zu würzen. Und wenn, dann erst am Schluss.

2 Das getrocknete Rindfleisch in kleine Würfel schneiden (Brunoise). Die Senfsprossen sehr fein schneiden.

3 Getrocknetes Rindfleisch, Gemüsewürfelchen und Senfsprossen mit der Birnenbalsam-Marinade mischen, ein paar Minuten ziehen lassen. Das Tatar darf nicht zu nass sein, gerade feucht genug, damit die Marinade als «Klebstoff» wirkt.

4 Die Senfblätter auf Tellern anrichten. Das Tatar mit Hilfe eines runden Ausstechrings auf den Teller platzieren.

Tipp Mit einer Rosette «Biersenf-Espuma», Seite 52, garnieren.

Birnenbalsam Er wird nach ähnlicher Methode wie Balsamico/Balsamessig hergestellt. Erhältlich im Feinkostladen oder Essigladen mit gut sortiertem Balsam-Angebot. Je älter ein Birnenbalsam ist, desto kostbarer und teurer ist er.

Ein wunderbarer Spielplatz für Salatliebhaber. Bei diesem Rezept darf man die Kreativität ausleben. Die Kartoffelvinaigrette schmeckt immer.

Blattsalat mit Senfsprossen und Kartoffelvinaigrette

4 Portionen bunt gemischter Saisonblattsalat
einige Zweiglein Saisonkräuter
30 g Senfsprossen (Großverteiler, Gemüsehändler, Bio-/Naturkostladen)

Kartoffelvinaigrette
½ dl/50 ml Apfelbalsam
1 EL Dunkler Biersenf, Seite 38
0,2 dl/20 ml Gemüsebrühe
0,8 dl/80 ml kalt gepresstes Rapsöl
½ dl/50 ml kalt gepresstes Baumnussöl/Walnussöl
60 g gekochte braune Linsen
30 g gekochte Kartoffelwürfelchen
20 g gekochte Gemüsewürfelchen (Brunoise) , z. B. Knollensellerie, Kartotten, Kohlrabi
Salz
frisch gemahlener schwarzer Pfeffer

1 Die Blattsalate auf Tellern zu einem Sträußchen arrangieren. Einige Kräuterzweiglein dazwischenlegen. Die Hälfte der Gemüsewürfelchen und alle Senfsprossen darüberstreuen.

2 Apfelbalsam, Biersenf und Gemüsebrühe gut verquirlen, Öle zugeben, zu einer sämigen Sauce rühren.

3 Linsen erwärmen, mit Kartoffel- und restlichen Gemüsewürfelchen zur Sauce geben, mit Salz und Pfeffer abschmecken. Separat servieren.

Apfelbalsam Er wird nach ähnlichem Methode wie Balsamico/Balsamessig hergestellt. Erhältlich im Feinkostladen oder Essigladen mit gut sortiertem Balsam-Angebot. Je älter ein Apfelbalsam ist, desto kostbarer und teurer ist er.

Frühlingsrollenblätter Auf dem Bild ist der Salat auf gebackenen Frühlingsrollenblättern angerichtet.

Die eher bodenständige Suppe bekommt durch das Zusammenspiel von Süße, Säure und Schärfe eine interessante Spannung. Die Tabascosauce beim ersten Würzen zurückhaltend einsetzen! Es ist auch ein Unterschied, ob man einen Löffel voll Suppe probiert oder einen ganzen Teller isst. Man kann am Tisch immer noch nachwürzen.

Süßscharfe Apfelsenf-Suppe

50 g Butter
1 mittelgroße Lauchstange
40 g Weißmehl/Mehl Type 405
1 l Gemüsebrühe
250 g Crème fraîche
100 g Süßlicher Apfelsenf, Seite 48
Salz
1 Spritzer Tabascosauce
Honig

1 kleine Baguette
kalt gepresstes Rapsöl
10 g Süßer Senf, Seite 48
20 g Crème fraîche
gehackte Senfsprossen (Großverteiler, Gemüsehändler, Bio- und Naturkostladen)
Sbrinz

1 Beim Lauch die zähen grünen Teile entfernen, Stange in sehr feine Ringe schneiden.

2 Butter in einem Topf bei schwacher Hitze erwärmen, Lauch darin andünsten, mit dem Mehl bestäuben, Gemüsebrühe angießen, Suppe aufkochen, bei schwacher Hitze 10 Minuten köcheln lassen. Crème fraîche und Apfelsenf unterrühren, mit Salz, Tabascosauce und Honig süß-pikant abschmecken.

3 Baguette in dünne Scheiben schneiden, im vorgeheizten Backofen auf Grillstufe leicht toasten. Mit einigen Tropfen Rapsöl beträufeln. Den Senf mit der Crème fraîche verrühren, die Toastscheiben dünn damit bestreichen, mit den gehackten Senfsprossen und dem Sbrinz bestreuen, auf Grillstufe kurz überbacken.

Der Prosecco eignet sich mit seiner leichten Säure und der Restsüße hervorragend für diese Suppe. Vom Prosecco bleibt noch genügend übrig, um mit einem Gläschen anzustoßen.

Prosecco-Senfschaumsüppchen mit Jakobsmuschel

20 g Butter
2 Schalotten, fein gewürfelt
1½ dl/150 ml Prosecco
¾ l Gemüsebrühe
½ l Rahm/Sahne
20 g Einfacher Brauner Senf, Seite 44
20 g Schwarzer Senf (Handel)
20 g schwarze Senfkörner, im Mörser zerstoßen
20 g Butter
4 EL gegarte streichholzfeine Gemüsestäbchen, z. B. Kohlrabi, Karotte, Knollensellerie, Lauch

2 EL kalt gepresstes Rapsöl
4 ausgelöste Jakobsmuscheln
Meersalz
frisch gemahlener Pfeffer

glattblättrige Petersilie für die Garnitur

1 Butter zerlassen, Schalotten darin andünsten, mit dem Prosecco ablöschen, ein wenig einkochen lassen, Gemüsebrühe und Rahm zugeben, zur Hälfte einkochen lassen. Suppe durch ein feines Sieb passieren.

2 Rapsöl in einer Bratpfanne erhitzen, Jakobsmuscheln darin auf jeder Seite 2 Minuten braten, mit Salz und Pfeffer würzen.

3 Suppe aufkochen, Braunen und Schwarzen Senf, Senfkörner und Butter zugeben, mit dem Stabmixer aufmixen.

4 Senfschaumsüppchen anrichten, warme Gemüsestäbchen in die Mitte geben, je eine gebratene Muschel daraufsetzen. Mit glattblättriger Petersilie garnieren.

Einfach und rasch. Auch leidenschaftliche Fleischesser haben Lust auf diesen vegetarischen Hackbraten. Senfsprossen gibt es das ganze Jahr. Man kann sie jedoch auch viel Aufwand selber ziehen.

Tofu-Gemüse-Hackbraten mit Senfsprossen

20 g Butter
120 g gemischtes Gemüse, z. B. Karotten, Lauch, Knollensellerie, Kohlrabi
40 g grob gehackte Zwiebeln
20 g Senfsprossen
200 g fester Tofu
10 g Butter
60 g frische gemischte Pilze, gehackt
20 g abgezupfte Petersilie, gehackt
80 g Toastbrot, klein gewürfelt
1 Freilandei
2 EL Haferflocken
20 g Cognacsenf
40 g gekochter Reis
Meersalz
frisch gemahlener Pfeffer
frisch geriebene Muskatnuss

Senfsprossen für die Garnitur (Großverteiler, Gemüsehändler, Bio-/Naturkostladen)

1 Gemüse, Zwiebeln, Senfsprossen und Tofu durch die mittlere Scheibe des Fleischwolfs drehen.

2 Pilze in der Butter andünsten, Petersilie und Toastbrot mitdünsten. Abkühlen lassen.

3 Den Backofen auf 180 °C vorheizen.

4 Tofu- und Pilzmasse gut vermengen, Ei, Haferflocken, Cognacsenf und Reis unterrühren, kräftig würzen. Aus der Masse einen Rollbraten formen, auf ein eingefettetes Backblech legen.

5 Das Backblech in der Mitte in den Ofen schieben, den Gemüsehackbraten bei 180 °C 20 bis 30 Minuten backen.

6 Den Gemüsehackbraten portionieren, auf den Sprossen anrichten.

Es ist erstaunlich, wie viel das bisschen Feigensenf in der Teighülle bewirkt. Wer den Ziegenfrischkäse nicht mag, kann ihn durch Kuhmilchfrischkäse (z. B. Ricotta) ersetzen.

Senfteigravioli mit Ziegenkäsefüllung

Ravioliteig

100 g Weizendunst/doppelgriffiges Weizenmehl oder Weißmehl/ Mehl Type 405
100 g Weißmehl/Mehl Type 405
2 Freilandeier
2 TL kalt gepresstes Baumnussöl/ Walnussöl
10 g Feigensenf (Handel)

Füllung

10 g Butter
30 g Schalotten, fein gewürfelt
200 g Ziegenfrischkäse
60 g Mie de pain
1 EL kalt gepresstes Rapsöl
20 g Rucola, sehr fein geschnitten
4 Eigelbe von Freilandeiern
50 g geriebener Sbrinz

1 Für den Ravioliteig alle Zutaten in eine Schüssel geben und zu einem glatten Teig verarbeiten. Teig in Klarsichtfolie einwickeln und 30 Minuten ruhen lassen.

2 Für die Füllung Schalotten in der Butter farblos andünsten, auskühlen lassen. Restliche Zutaten zugeben, alles gut mischen.

3 Ravioliteig in zwei Portionen teilen, beide Teigstücke auf bemehlter Arbeitsfläche etwa 2 mm dick und rechteckig ausrollen. Pro Ravioli etwa ein haselnussgroßes Stück Füllung im gleichmäßigen Abstand auf ein Teigstück setzen. Das zweite Teigblatt darauflegen, dieses um die Füllung gut andrücken. Mit einem gewellten Teigrädchen Ravioli schneiden.

4 Ravioli in reichlich kochendem Salzwasser kochen, bis sie an die Oberfläche steigen.

Tipp Ravioli mit Butterschaum und gedämpftem Gemüse in tiefen Tellern anrichten.

Mie de pain Toastbrotscheiben entrinden und offen tiefkühlen. Gefrorene Brotscheiben auf einer feinen Reibe (Bircherreibe) reiben. Sofort verwenden oder wieder tiefkühlen.

Ich liebe das Original-Cordon bleu über alles. Trotzdem habe ich diese Abwandlung gewagt, mit dem Ziel, Whiskysenf in die Füllung zu integrieren. Die Füllung ist in jedem Fall leicht … und harmoniert ebenso gut, wenn nicht besser, mit dem Kalbfleisch.

Cordon bleu mit Senffüllung

4 Kalbfleischscheiben für Cordon bleu
Mehl
2 Freilandeier, verquirlt
Paniermehl/Semmelbrösel
80 g Bratbutter/Butterschmalz

Füllung
75 g Butter
1 kleine Zwiebel, fein gewürfelt
100 g Champignons, fein gewürfelt
80 g Whiskysenf, Seite 46
fein gehackte frische Saisonkräuter, nach Belieben
frisch gemahlener schwarzer Pfeffer

1 Für die Füllung die Zwiebeln in der Butter bei schwacher Hitze andünsten, Pilze zugeben und bei starker Hitze mitdünsten, Pfanne von der Wärmequelle nehmen, Inhalt auskühlen lassen. Senf und Kräuter unterrühren, mit Pfeffer abschmecken.

2 Cordon-bleu-Scheiben mit der Pilzmasse füllen, Tasche eventuell mit Zahnstochern verschließen. Zuerst im Mehl, dann im verquirlten Ei und zum Schluss im Paniermehl/in den Semmelbröseln wenden. Bei mittlerer Hitze in der Bratbutter auf jeder Seite etwa 8 Minuten goldgelb braten.

Ein eher aufwändiges Rezept – und oft erprobt. Auch wenn es optisch nicht immer ganz perfekt gelingt, das kulinarische Erlebnis wird dadurch nicht getrübt.

Kaninchenfilets im Brotmantel

8 Kaninchenrückenfilets,
Gesamtgewicht 400 g

4 große Scheiben Toastbrot
50 g Feigensenf (Handel)
½ Bund frischer Estragon,
sehr fein geschnitten
1 Bund Kerbel,
sehr fein geschnitten
Salz
frisch gemahlener Pfeffer
30 g Butter
Bratbutter/Butterschmalz

1 Die Silberhaut von den Filets entfernen, das Fleisch mit Salz und Pfeffer würzen.

2 Die Toastbrotscheiben längs halbieren und einseitig mit dem Feigensenf bestreichen. Mit dem Kerbel und Estragon bestreuen.

3 In einem mittelgroßen Kochtopf Wasser aufkochen, ein Kuchengitter auf den Topf legen. Die Toastscheiben einzeln oder zu zweit auf das Gitter legen, zugedeckt dämpfen. Das Brot soll feucht (nicht nass!), weich und geschmeidig (biegsam) sein. Die gedämpften Toastscheiben mit der Senf-/Kräuterseite nach oben auf ein doppelt so großes Stück Klarsichtfolie legen, auf jede Toasthälfte ein Kaninchenfilet legen und satt in das Toastbrot einrollen. Rollen einzeln satt in die Klarsichtfolie einwickeln. Mindestens 6 Stunden (oder über Nacht) in den Kühlschrank stellen.

4 Filets aus der Folie nehmen. Acht mindestens doppelt so große Stücke Alufolie großzügig mit Butter einpinseln, Filetrollen darauf legen und satt einrollen. In der Alufolie in einer Pfanne ohne Fett rundum anbraten. Filetrollen in eine feuerfeste Form legen, im vorgeheizten Ofen bei 160 °C 3 bis 5 Minuten backen. Die Filets aus dem Ofen nehmen und sofort aus der Alufolie nehmen, kurz ruhen lassen. Für die Farbe die Filetrollen kurz in der Bratbutter goldgelb braten.

Tipp Mit den Ofentomaten, Seite 80, und gedünsteten Bohnen servieren.

Kutteln und Senf sind ein kulinarisches Traumpaar. Entweder man liebt es oder geht ihm aus dem Wege. Kutteln sind übrigens genauso geschmacksarm wie Kalamares/Tintenfischringe und haben den gleichen Biss.

Kutteln in Biersenf-Sauce

50 g Butter
200 g Zwiebeln, fein gewürfelt
2 Knoblauchzehen, fein gewürfelt
1 kg Kutteln, in nicht zu feinen Streifen, vorgekocht
2 Äpfel
20 g Weißmehl/ Mehl Type 405
½ l Apfelwein
2 dl/200 ml Gemüsebrühe
1 EL Kümmelsamen
Salz
frisch gemahlener Pfeffer
frisch geriebene Muskatnuss
2 dl/200 ml Rahm/Sahne
100 g Dunkler Biersenf, Seite 38
½ Zitrone

1 Äpfel schälen, vierteln, entkernen, Fruchtviertel in Würfelchen schneiden.

2 Zwiebeln und Knoblauch in der Butter andünsten, Kutteln und Äpfel kurz mitdünsten, mit dem Mehl bestäuben, gut rühren, mit dem Apfelwein ablöschen, Gemüsebrühe zugeben, unter Rühren aufkochen, mit Kümmel, Salz, Pfeffer und Muskatnuss würzen, Kutteln bei schwacher Hitze 1½ bis 2 Stunden köcheln. Rahm und Biersenf unterrühren, vorsichtig mit Zitronensaft abschmecken.

Tipp Als Einlage getrocknete Apfelstückchen beigeben. Sie sind auch als Garnitur geeignet.

Ein einfaches Rezept, das ich für meinen allerersten Senfkochkurs entwickelt hatte. Und obwohl ich nervöser war als meine Kursteilnehmer, hat es auf Anhieb funktioniert.

Lammedaillons mit Senfhaube

1 EL Bratbutter/Butterschmalz
4 Lammrückenfilets, je 150 g

Senfhaube
2 EL gelbe/weiße Senfkörner
2 Knoblauchzehen, fein gewürfelt
2 EL Crème fraîche
1 TL Tomatenpüree
1 Msp frisch geriebener Ingwer
Salz
frisch gemahlener Pfeffer

3–4 Thymianzweiglein, Blättchen von den Stielen gezupft

Sauce
2 dl/200 ml Weißwein
2 dl/200 ml Baumnuss-/Walnusslikörwein
oder
je 1 dl/100 ml Cynar und Sherry
oder
je 1 dl/100 ml Baumnuss-/Walnusslikör und Rotwein
60 g kalte Butterstückchen
Salz, frisch gemahlener Pfeffer

1 Die Senfkörner im Mörser zerstoßen. Mindestens 60 Minuten, besser länger, in lauwarmem Wasser quellen lassen. Einweichwasser weggießen.

2 Senfkörner, Knoblauch, Crème fraîche, Tomatenpüree und Ingwer verrühren, mit Salz und Pfeffer abschmecken.

3 Je 2 Lammfilets mit der Unterseite nach innen aufeinanderlegen, die Thymianblättchen einstreuen, im Abstand von 2 cm mit einer feinen Küchenschnur binden. 2 cm dicke Medaillons schneiden. Lammmedaillons mit der Senfpaste beidseitig bestreichen, kurz ziehen lassen.

4 Die Bratbutter in einer Bratpfanne erhitzen, Medaillons bei mittlerer Hitze auf jeder Seite etwa 90 Sekunden braten, aus der Pfanne nehmen und zugedeckt warmstellen.

5 Den Bratsatz mit Weißwein und Nusswein lösen, dickflüssig einkochen, mit den kalten Butterstückchen aufmixen, abschmecken, nicht mehr kochen.

6 Lammmedaillons auf der Sauce anrichten.

Tipp Mit gedünstetem Gemüse servieren.

Puristen und Geschmackstraditionalisten werden aufschreien: Zerstampfte Kartoffeln und eine Currysauce! Auf den ersten Blick etwas ungewöhnlich, dafür umso spannender. Und wer dieser Kombination trotzdem nichts abgewinnen kann, darf gerne auch eine andere Beilage wählen.

Hackfleisch-Senf-Bällchen mit Senf-Apfel-Sauce

Hackfleischbällchen

3 EL Paniermehl/Semmelbrösel
1½ dl/150 ml Milch
50 g Zwiebeln, fein gewürfelt
1 Knoblauchzehe, fein gewürfelt
1 Ei
15 g schwarze Senfkörner, zerstoßen
400 g Rinderhackfleisch
frisch gemahlener Pfeffer
mildes Paprikapulver
Salz

2½ dl/250 ml Gemüsebrühe

Sauce

25 g Butter
100 g Zwiebeln, fein gehackt
150 g Äpfel (Boskoop)
15 g milde Currymischung
15 g Weißmehl/Mehl Type 405
50 g Süßlicher Apfelsenf, Seite 48
30 g Einfacher Brauner Senf, Seite 45
Salz
frisch gemahlener Pfeffer
1 dl/100 ml Rahm/Sahne

1 Paniermehl unter die Milch rühren.

2 Zwiebeln, Knoblauch, Ei, Senfkörner, Hackfleisch und Milch-Paniermehl zu einer glatten Masse verarbeiten, mit Pfeffer, Paprikapulver und Salz würzen. Mit nassen Händen 12 bis16 Bällchen formen. Die Gemüsebrühe in einer flachen Pfanne erhitzen, Hackfleischbällchen hineinlegen und bei kleinst möglicher Hitze zugedeckt 10 Minuten garziehen lassen.

3 Boskoop schälen, vierteln und entkernen, Fruchtviertel in Würfelchen schneiden.

4 Für die Sauce die Butter in einer Pfanne erwärmen, Zwiebeln und Apfelwürfelchen darin kurz dünsten, Curry und Mehl darüberstreuen und kurz mitdünsten. Mit der Brühe der inzwischen fertig gegarten Hackfleischbällchen ablöschen (Fleischbällchen warmstellen), 15 Minuten köcheln lassen, Senf unterrühren, mit Salz und Pfeffer abschmecken, den Rahm unterrühren, nochmals kurz köcheln lassen.

5 Hackfleischbällchen auf der Sauce anrichten.

Tipp Mit den Stampfkartoffeln, Seite 80, und Saisongemüse servieren.

Wir haben einen der feinsten Süßwasserfische fast vergessen. Hier bekommt er einen ganz speziellen Auftritt.

Gebratener Wels mit Meerrettich-Senf-Kruste

2 EL kalt gepresstes Rapsöl
600 g Welsfilets
Salz
frisch gemahlener Pfeffer

Meerrettich-Senf-Kruste
2 dl/200 ml heiße Gemüsebrühe
100 g Toastbrotwürfelchen ohne Rinde
60 g Ruch-/Schwarzbrotwürfelchen ohne Rinde
10 g Butter
40 g Zwiebeln, fein gewürfelt
15 g Meerrettichsenf, Seite 44
15 g Meerrettichpaste (in Essig eingelegter Meerrettich, im Handel erhältlich)
60 g weiche Butter
30 g Eigelb
Salz
frisch gemahlener Pfeffer
1 Bund Schnittlauch, fein geschnitten

1 Die Brotwürfelchen in der Gemüsebrühe einweichen.

2 Zwiebeln in der Butter andünsten.

3 Meerrettichsenf, Meerrettichpaste und Butter (60 g) zu einer luftigen Masse aufschlagen, Eigelb unterrühren. Gut ausgedrückte Brotwürfelchen und gedünstete Zwiebeln unterrühren, mit Salz und Pfeffer abschmecken, Schnittlauch unterrühren. Masse auf einer Alufolie zu einem Rechteck formen, kühl stellen.

4 Backofen auf 170 °C vorheizen.

5 Welsfilets mit Salz und Pfeffer würzen. In einer Bratpfanne im Rapsöl beidseitig gut anbraten. In eine feuerfeste Form legen. In der Mitte in den Ofen schieben, Fisch bei 170 °C 3 bis 5 Minuten braten. Aus dem Ofen nehmen.

6 Den Ofen auf Gratinstufe (250 °C) aufheizen. Den Wels mit der Senfkruste belegen. Die Form in der oberen Hälfte in den Ofen schieben, Fisch 2 Minuten gratinieren.

Tipp Mit gedünstetem Wirz/Wirsing servieren.

Dem Auge gefällt es, für den Gaumen ist es eine Überraschung. Ich koche dieses Kartoffelgericht schon seit Jahren und erlebe immer wieder verblüffte Gäste.

Stampfkartoffeln mit schwarzem Senf

Beilage

1 kg mehlig kochende Kartoffeln
75 g Butter
100 g Schwarzer Senf (Handel) oder
Einfacher Brauner Senf, Seite 45
30 schwarze Senfkörner
1 Knoblauchzehe
1 EL kalt gepresstes Rapsöl

1 Kartoffeln schälen, würfeln, im Dampf weich garen, ein wenig ausdampfen lassen. Im Kochtopf zerstampfen. Butter, schwarzen Senf, Senfkörner, durchgepresste Knoblauch und Rapsöl kräftig unterrühren, mit Salz und Pfeffer abschmecken.

Dies ist eine sehr einfache, aber köstliche Gemüsezubereitung – geschmacklich und optisch. Mir gefallen die kleinen roten Dinger immer wieder!

Ofentomaten

Beilage

750 g große Cherrytomaten am Zweig
einige Rosmarinzweiglein
2 Oreganozweiglein
2 Thymianzweiglein
½ dl/50 ml kalt gepresstes Rapsöl
5 g schwarzes oder braunes
Senfpulver
Salz
frisch gemahlener Pfeffer

1 Backofen auf 180 °C vorheizen.

2 Cherrytomaten am Zweig belassen, die Zweige nebeneinander in eine Gratinform legen. Rosmarin, Oregano und Thymian von den Stielen zupfen und über die Tomaten verteilen. Rapsöl und Senfpulver verrühren, mit Salz und Pfeffer würzen, die Tomaten damit einpinseln.

3 Die Gratinform in der Mitte in den Ofen schieben und die Cherrytomaten bei 180 °C nach persönlicher Vorliebe braten.
Nach 12 Minuten sind die Tomaten gar.

Eine große, einsam anmutende Senfpflanze inmitten eines Kartoffelfeldes hat mich zu diesem Rezept inspiriert.

Senfkartoffeln mit Rosmarin

Beilage

600 g kleine Kartoffeln
Salz
ein wenig Bratbutter/Butterschmalz
30 g Butter
30 g schwarzes Senfpulver
weiße/gelbe Senfkörner
einige Rosmarinzweiglein

1 Kartoffeln unter fließendem Wasser bürsten. Längs halbieren und im Dampf 5 Minuten garen. Ausdampfen lassen. Mit Salz würzen.

2 Bratbutter in einer Bratpfanne erwärmen, Kartoffeln mit der Schnittfläche nach unten in die Bratpfanne legen, bei mittlerer Hitze goldbraun braten. Kartoffeln in die feuerfeste Form geben.

3 Backofen auf 170 °C vorheizen.

4 Die Butter erwärmen, Senfpulver und Senfkörner zugeben. Butter gleichmäßig über die Kartoffeln träufeln. Die Rosmarinzweige dazwischen legen.

5 Die Kartoffeln im vorgeheizten Ofen bei 170 °C etwa 20 Minuten fertig braten.

Dessert und Senf? Viele – so auch ich – meinten: das harmoniert nicht! Ich musste mich eines Besseren belehren lassen. Heute bin ich geradezu süchtig nach diesen Kreationen. Dieses Rezept hat es mir besonders angetan!

Dattelsenf-Tartelettes auf Dörrfrüchtekompott

für 4 Portionsförmchen

ca. 100 g geriebener Teig/ Mürbteig oder Blätterteig

Füllung

1 Freilandei
20 g Zucker
200 g Magerquark
30 g Mascarpone
wenig Zitronenzesten
2 TL Vanillecremepulver
5 g Dattelsenf (Handel)

Dörrfrüchtekompott

5 getrocknete Aprikosen
3 Speckbirnen/weiche Dörrbirnen
4 weiche getrocknete Apfelringe
1 dl/100 ml Rotwein
1 EL Zucker
1 Lorbeerblatt
1 Nelke
5 schwarze Pfefferkörner
½ Vanilleschote, aufgeschnitten
¼ Zimtstange
½ Sternanis
1 EL gelbe/weiße Senfkörner
1 EL Calvados

1 Für das Kompott die Dörrfrüchte zerkleinern. Gewürze ohne die Senfkörner in ein Säckchen aus Baumwollstoff füllen und zubinden. Den Rotwein in einem Topf erwärmen, den Zucker darin auflösen. Gewürzsäckchen, Senf und Dörrfrüchte beigeben, aufkochen, das Dörrfrüchtekompott köcheln, bis der Rotwein praktisch aufgenommen und verdampft ist. Calvados beigeben.

2 Teig etwa 2 mm dünn ausrollen, Rondellen in der Größe der Förmchen ausstechen, in die mit Butter eingefetteten Förmchen legen.

3 Backofen auf 180 °C vorheizen.

4 Für die Füllung Ei und Zucker luftig aufschlagen, übrige Zutaten unterrühren. Masse in die Förmchen füllen.

5 Die Tartelettes auf der mittleren Schiene in den Ofen schieben, bei 180 °C 35 bis 45 Minuten hell backen. Sobald der Teig die richtige Farbe hat, Temperatur um 20 °C reduzieren.

6 Tartelettes auf dem Dörrfrüchtekompott anrichten.

Diese Kreation sieht komplizierter aus als sie ist. Nicht lange überlegen, frisch gewagt! Und plötzlich ist die Zubereitung so leicht wie das Resultat.

Strudel mit Vanille- und Aprikosensenf-Creme

16 Strudelteig-Quadrate
von 6 cm Seitenlänge
Bratbutter/Butterschmalz

Vanillecreme
120 g Eigelb
80 g Zucker
4 dl/400 ml Milch
1 unbehandelte Zitrone,
abgeriebene Schale
1 Vanilleschote, aufgeschnitten
3 Kaffeebohnen

2 Gelatineblätter,
in Wasser eingeweicht
2 dl/200 ml Rahm/Sahne,
steif geschlagen

Aprikosensenf-Creme
200 g Aprikosen
4 EL Zucker
½ Zitrone, Saft
¾ dl/75 ml Weißwein
½ dl/50 ml Rahm/Sahne
20 g Aprikosensenf, Seite 30
½ Portion Vanillecreme, siehe oben

1 Für die Vanillecreme Eigelb, 20 g Zucker und 1 dl/100 ml Milch verrühren. Restliche Milch, restlichen Zucker, Zitronenschale, Vanilleschote und Kaffeebohnen aufkochen, unter die Eigelbmasse rühren. Die Creme in die Pfanne zurückgeben, und unter dem Kochpunkt (die Creme darf nicht kochen) binden. Durch ein Sieb passieren. Unter zeitweiligem Rühren leicht abkühlen lassen.
Die Creme halbieren, eine Hälfte ist für die Vanillecreme, die andere für die Aprikosen-Senfcreme bestimmt. Ausgedrückte Gelatine unter eine Portion rühren, Schlagrahm unterziehen. Kühl stellen.

2 Für die Aprikosencreme die Aprikosen halbieren und entsteinen, Fruchthälften zerkleinern. Aprikosen, Zucker, Zitronensaft und Weißwein aufkochen, die Früchte bei schwacher Hitze weichkochen, Rahm und Aprikosensenf unterrühren, pürieren. Creme abkühlen lassen. Vanillecreme unterrühren. Kühl stellen.

3 In einer Bratpfanne mindestens ½ cm hoch Bratbutter erhitzen, die Strudelblätter darin goldgelb backen, einmal wenden. Vorsicht: Wenn die Bratbutter heiß ist, geht das Ausbacken blitzschnell. 15 Sekunden genügen. Auf Küchenpapier abtropfen lassen.

4 Je ein gebackenes Teigblatt auf einen Dessertteller legen, mit der Vanillecreme bedecken. Ein zweites und drittes Teigblatt darauflegen, immer wieder mit der Vanillecreme bedecken. Mit einem Teigblatt abschließen. Mit Puderzucker bestäuben. Aprikosensenf-Creme separat servieren.

Register